65歳からのふたりごはんの愉しみ

石原洋子

″シニアになっても「おいしい」を最優先したい″

料理を生業《なりわい》にしていることもありますが、昔から料理を作るのも食べるのも大好きです。70歳を過ぎても変わりません。「おいしく食べるために、動いている」というと少し大げさに聞こえるかもしれませんが、「毎日、好きなものをおいしく食べたい」というのは本音で、それが一番の幸せだと感じています。

シニアの食事は「あっさり味」や「和食」と思われがちです。でも、実際に自分たちがシニア世代になり、そうでもないなという気がしています。私たちは洋食に慣れ親しんでいる世代でもあり、割とこってりした料理も好きな方が多い。わが家も夫婦そろって洋食や肉料理が好きで、今でも魚料理よりも肉を食べる日が多いくらいです。

ただ、年齢と共に食べる量は変化してきました。最近の食事は「食べたいものを少しずつ」。加えて、以前よりも健康を意識して、食べる素材に気をつけるようになりました。

夫婦で食事をする時間は何より楽しいひとときです。夫も料理にかかわっていたこともあり、「食」は私たちの生活の中心。シニアになっても「これが食べたい！」という気持ちを大事にしつつ、健康に、毎日元気においしく！がモットーです。

「食事の時間になったから食べる」のではなく、「おなかが空いたら食べる」。これもおいしく食べるためにふたりで決めていることです。

この本では、そんな私たちの現在のふだんの食事をご紹介しています。何か1つでも毎日の献立のヒントになり、皆さんの食事時間が楽しくなるお手伝いができたら、うれしく思います。

石原洋子

目次

元気のもと！ 豆腐は毎日何かしら食べています

温かいものをかならず一品。食べるとおなかが落ち着きます

胃腸にいい、大根おろしや粘りのあるものをいつも食卓に

肉は赤身が好き。鶏肉も脂を落として食べます

魚は体にいい青魚を。刺身に、塩焼きにとシンプル調理でいただきます

野菜もおひたしばかりでは飽きがきます。
蒸し炒めやパンチのある味つけが重宝

電子レンジは
時間がないときに。
でも、本当においしく
作れるものだけ

何品も作りたくない日は、
中華おかずに。
短時間でできるのも
助かります

孫が来るときは
えびフライ。
夫婦ふたりのときは
グラタンを

夫が好きなめん料理。
ひとりごはんのときも

朝ごはんは毎日同じ。
体にいいものをたっぷり

この本の使い方

- 材料は２人分を基本にしています。
- 小さじ１＝5mℓ、大さじ１＝15mℓ、1カップ＝200mℓです。
- 野菜は特に記載のない場合は、洗う、皮をむくなどの下ごしらえをしてからの手順を説明しています。
- レシピ内の「塩」は精製されていない天日塩、「しょうゆ」は濃口しょうゆ、「小麦粉」は薄力粉です。
- 電子レンジは600Wのものを使用したときの加熱時間の目安です。500Wのときは加熱時間を1.2倍に、700Wの場合は0.8倍にしてください。
- 「だし」は昆布と削り節、煮干しなどの好みのものでとったものです。

ふたりごはんで
大切にしていること

"健康のことも考えつつ、食べたいものを"

毎日おいしく食べるには、健康が第一。とはいえ、「食事はそもそも楽しい時間でなくては」と思っている私たち夫婦にとって、健康のために「これを食べてはいけない」と食事制限するのは本末転倒。もちろん体に悪いものは食べませんが、量や食べ方に気をつけ、塩分はふだんから薄めに、油脂も比較的少なめを心がけるくらいが私たち流。体は正直です。食べたいものはそのときの体が必要としているもの、そんなふうに考えています。

〝夫婦ともに、肉料理や洋食も大好き〟

肉料理は今でも大好きです。食べる量が減ったからこそ、おいしい肉を少しだけ。そんな贅沢《ぜいたく》もシニアならではの食べ方ではないでしょうか。好きな洋食は夫婦ふたりのときにも作りますが、孫が遊びに来るのを「チャンス！」とばかりに腕をふるい、一緒に楽しみます。食べる量は腹九分目まで。本当は腹八分目がいいのでしょうが、常に食べたいものがあるのでなかなか八分目でおさまりません。でもせめて、おなかいっぱいにはしないように気をつけています。

〝シンプルな味つけが増えてきました〟

肉も魚介も、シンプルに塩焼きにして楽しむことが増えました。野菜も蒸し焼きなどが多くなり、煮ものを作るときも、だしではなく水で煮ます。そのほうが野菜本来のおいしさを生かせるので。そこに塩分をちょこっと！　すると、素材のうまみや甘みがぐんと引き立つのです。健康を気遣ってというよりは、好みが変わってきたのでしょうね。スープや煮ものにも、市販のスープの素はもちろん、だしもあまり使わなくなりました。

〝旬のものは逃さず、いただきます〟

季節の食材は必ず食べるようにしています。旬のものは栄養が豊富で値段も手頃というだけでなく、何よりもおいしい！　味が濃く、みずみずしさが違います。私たち夫婦が絶対においしい時期を逃したくない野菜は、春のたけのこ、夏のなす、冬の大根。これらは何日か続いてもまったく気にならないほど。焼いたり煮たり、炒めたり。季節ならではの楽しみはそれだけで食卓が豊かになりますね。「もうこんな季節になったのね」「今年の○○はおいしいね」など、会話も弾みます。

〝ごはんは最後にし、控えめに〟

わが家では、おかずは大皿ではなく銘々盛りつけます。食べすぎ防止になり、程よい腹具合で食事を終わらせたいからです。ごはんはおかずを食べた後にほんの二口、三口。ごはんをおかずと一緒に食べると早めにおなかいっぱいになり、おかずがいろいろ食べられない……そんな理由からこのスタイルになりました。最後のひと口はかならず「納豆とにんじんのネバネバ昆布あえ」(30ページ)で。大好きなごはんのお供で食事を終えると、おなかもおさまり気持ちも満足します。

〃元気のもと！豆腐は毎日何かしら食べています〃

冷蔵庫にこれがあると安心！というのが、わが家の場合は豆腐です。毎日食べているとそれだけで体にいいことをしている気分に。手軽に使えること、いい意味で味が主張しすぎず調理法を選ばないのも魅力です。炒めもの、焼きもの、揚げもの……私のレパートリーもかなりの数があるんですよ。買いもののたびに買い求め、いつも在庫がある状態。それを、その日の気分で主菜にしたり、副菜にしたり。私は絹ごし派、夫は木綿派と好みが分かれますが、料理に合わせて使い分けています。

豆腐のサラダ

〝とあるお店で食べて以来、わが家でブームのサラダ。
コクのあるドレッシングが野菜にとても合います〟

●──材料（2人分）

豆腐（好みのもの）…1丁（300g）
ブロッコリー…50g
葉野菜（サラダ菜、ベビーリーフなど）…60g
ミニトマト…6個
紫玉ねぎ…¼個
ちりめんじゃこ…大さじ2
白いりごま…小さじ2
○ごまマヨドレッシング
──しょうゆ、マヨネーズ…各大さじ1
　白すりごま…大さじ½
──酢、はちみつ…各小さじ1

●──作り方

(1) 豆腐はペーパータオルで包んで約10分おき、軽く水けをきる。

(2) ブロッコリーは小房に分け、塩少々（分量外）を入れた熱湯でゆで、水けをきる。葉野菜はひと口大にちぎり、水につけてパリッとさせ、水けを拭く。ミニトマトはヘタを取って半分に切り、紫玉ねぎは縦薄切りにする。

(3) 器に(2)を盛り合わせ、(1)をひと口大にちぎってのせ、ちりめんじゃこ、ごまをふり、混ぜ合わせたドレッシングをかける。

豆腐ステーキのわかめあん

〝ヘルシー素材同士の組み合わせも好み。ほたてのうまみがおいしいとろみあんをたっぷりかけて〟

●――材料（2人分）

木綿豆腐…1丁（300g）
わかめ（塩蔵）…10g
三つ葉…½束（30g）
ほたて缶…小1缶（65g）
酒…大さじ1
しょうゆ…大さじ½
○水溶き片栗粉
――片栗粉…小さじ2
――水…小さじ4
塩…ひとつまみ
サラダ油…大さじ½
おろししょうが…適宜

●――作り方

(1) 豆腐は厚みを半分に切り、ペーパータオルで包んで約10分おいて水きりをする。わかめは流水でもみ洗いをして絞り、三つ葉とともに1cm幅に切る。

(2) 小鍋に水⅔カップを煮立てて酒、しょうゆで調味し、ほたて缶を汁ごと加える。再び煮立ったら水溶き片栗粉でとろみをつける。

(3) フライパンにサラダ油を熱し、豆腐の両面に塩をふって入れ、中火で約3分焼く。きれいな焼き色がついたら返し、もう片面も約3分焼いて器に盛る。

(4) (2)を中火にかけ、煮立ったらわかめ、三つ葉を加えてひと煮し、(3)にかける。好みでおろししょうがを添える。

豆腐は塩で味をつけてから、両面をこんがりと焼く。

豆腐とねぎ、豚こまのとろみ煮

〝手軽な材料で作れるので、登場回数多めのおかず。とろりとしたしょうゆ味は、ごはんにかけてもおいしいです〟

●材料（2人分）

絹ごし豆腐…1丁（300g）
豚こま切れ肉…100g
長ねぎ…1本
しょうがの薄切り…1かけ

○下味
酒、しょうゆ…各小さじ1

○A
しょうゆ…大さじ1⅓
酒、砂糖…各大さじ1
こしょう…少々

○水溶き片栗粉
片栗粉…大さじ1
水…大さじ2

サラダ油…大さじ1
ごま油…小さじ1

●作り方

(1) 豆腐はペーパータオルで包んで軽く水きりをする。長ねぎは1cm幅の斜め切り、豚肉は食べやすく切って下味の酒、しょうゆをからめる。

(2) フライパンにサラダ油を熱し、しょうがを弱火で炒め、香りが出たら豚肉を加えて中火で炒める。肉の色が変わったら長ねぎを加え、さっと炒める。

(3) 全体に油が回ったら水1カップを加え、煮立ったらAで調味し、豆腐を大きくくずして入れる。豆腐が熱くなったら水溶き片栗粉でとろみをつけ、ごま油で香りをつける。

いり豆腐

〝豆腐の消費期限が近づくと作るのがこの料理。
甘めの味つけがおいしく、ごはんにのせて食べることも〟

豆腐をくずしながら炒めると、
味がなじみやすい。

材料（2人分）

木綿豆腐…1丁（300g）
ごぼう…¼本
にんじん…⅓本
長ねぎ…½本
鶏ひき肉…50g
○**A**
砂糖…大さじ1
しょうゆ…大さじ⅔
酒…大さじ½
塩…小さじ⅓
サラダ油…大さじ½

作り方

(1) 豆腐は厚みを半分に切り、ペーパータオルで包んで約20分おいて水きりをする。

(2) ごぼうは細めのささがきにし、水に5分さらして水けをきる。にんじんは2㎝長さの細切り、長ねぎは小口切りにする。

(3) フライパンにサラダ油を熱し、鶏ひき肉を入れて中火で炒める。色が変わったらごぼうを入れて1分、にんじんと長ねぎを加えて強めの中火にして炒め合わせる。全体に油が回ったら(1)を加え、豆腐をくずしながら水分が飛ぶまで強火で炒め合わせる。

(4) **A**を加え、汁けがなくなるまで炒め合わせる。

かに豆腐

〝豆腐料理の中でも家族に特に人気のやさしい味の中華煮。
10分たらずでできるのが何よりうれしいところ〟

●材料（2人分）

絹ごし豆腐…1丁（300g）
かにの身（またはかに缶）…80g
長ねぎ…⅓本
卵…1個

○下味
酒、おろししょうが…各小さじ1

○A
酒…大さじ1
しょうゆ…小さじ1
塩…小さじ½
こしょう…少々

○水溶き片栗粉
片栗粉…大さじ1
水…大さじ2

サラダ油…大さじ1
ごま油…小さじ1

●作り方

(1) 豆腐は厚みを半分に切り、ペーパータオルで包んで軽く水きりをする。かには軟骨を除いて粗くほぐし、下味の酒、おろししょうがをからめる。長ねぎは小口切り、卵は溶きほぐす。

(2) フライパンにサラダ油を熱し、長ねぎを入れて中火でひと炒めし、かにを入れてさっと炒め合わせる。油が回ったら水1カップ、Aを入れ、豆腐を加えて大きくくずし、熱くなるまで約2分煮る。

(3) 水溶き片栗粉でとろみをつけ、卵を流し入れて大きくかき混ぜながら火を通す。器に盛り、ごま油で香りをつける。

卵はとろみをつけてから加えると、ふんわりと仕上がる。

豆腐と鶏ひき肉の竜田揚げ

〝「主菜になる！」と料理教室でも人気の一品。衣をしっかりつけて揚げるのがコツです〟

豆腐の切り口を上にしてペーパータオルで包むと、早く水きりできる。

●材料（2人分）

木綿豆腐…1丁（300g）

○そぼろ

鶏ひき肉…100g

酒、しょうゆ、砂糖…各小さじ2

○A

おろししょうが…小さじ1

長ねぎのみじん切り…大さじ3（30g）

しょうゆ…大さじ½

塩…少々

片栗粉…大さじ2

片栗粉、揚げ油…各適量

●作り方

(1) 豆腐は4等分に切り、ペーパータオル2枚で包み、約30分おいてしっかり水きりをする。

(2) 小さなフライパンにそぼろの材料を入れ、菜箸3～4本でよく混ぜてから中火にかけ、混ぜながら水分が飛ぶまで火を通してそぼろ状にし、火を止めて粗熱をとる。

(3) ボウルに、(1)、(2)、Aを入れてよく混ぜ合わせる。片栗粉を広げたバットに10等分にしてのせ、全体にまぶしながら丸める。

(4) フライパンに揚げ油を1～2㎝高さに入れて170℃に熱し、(3)の半量を入れ、表面が固まったら返し、表面がカリッとするまで、約4分揚げる。残りも同様に揚げる。

豆腐チャーハン

〝出演しているテレビ番組用に苦し紛れに考えた一品。ヘルシーさがクセになり、いつしかうちの定番料理に！〟

●—材料（2人分）

木綿豆腐…1丁（300g）
温かいごはん…200g
細ねぎ…1束（100g）
ちりめんじゃこ…大さじ2
しょうゆ…適量
白いりごま…大さじ2
塩…小さじ¼
こしょう…少々
削り節…1パック（3g）
サラダ油…適量

●—作り方

⑴ 豆腐は厚みを半分に切り、ペーパータオルで包んで約20分おいて水けをきる。細ねぎは小口切りにする。

⑵ フライパンにサラダ油小さじ1を熱し、豆腐を入れて木べらでくずしながら強めの中火でいりつけ、こんがり焼き色をつける。しょうゆ小さじ1を鍋肌から回し入れて香りをつけ、取り出す。

⑶ ⑵のフライパンをきれいにしてサラダ油大さじ1を熱し、ごはんを入れ、強めの中火でほぐしながら炒める。パラリとなったらじゃこ、細ねぎ、ごま、⑵を加えて混ぜ、炒め合わせる。塩、こしょうをふり、鍋肌からしょうゆ大さじ½を回し入れ、削り節をふって炒め合わせる。

ごはんとじゃこなどを炒めたところにいりつけた豆腐を加え、炒め合わせる。

〝温かいものをかならず一品。食べるとおなかが落ち着きます〟

季節を問わず、温かい料理は欠かしません。体を冷やしたくないという理由もありますが、温かいものを食べるとおなかが落ち着き、食事全体に満足感が出る気がするのです。みそ汁を飲む日も多いですが、そうでないときは汁けのある煮ものを作ります。じっくり煮たおかずはじんわりおいしく、栄養もじわじわと体に染みわたるよう。ちなみにみそ汁を作るときは、食事作りの最初にだしをとって具材を煮て、あとはみそを溶き入れるだけの状態にして他のおかずの準備にとりかかると、段取りよく作れますよ。

豚バラ大根

〝豚バラ肉は長時間煮込むと、
ほろりとやわらかい。
脂身が苦手な私も、
この肉のおいしさには勝てません〟

●材料（2人分）

豚バラかたまり肉…300g
大根…½本（600g）
長ねぎ…⅓本
しょうが（薄切り）…小1かけ

○下味
酒、しょうゆ…各大さじ1

○煮汁
酒…大さじ1
しょうゆ、砂糖…各大さじ2
水…2カップ

こしょう…少々
サラダ油…大さじ1

●作り方

(1) 大根は大きめの乱切りにし、長ねぎは3cm長さに切る。豚肉は3cm角に切り、下味の酒、しょうゆをもみ込む。

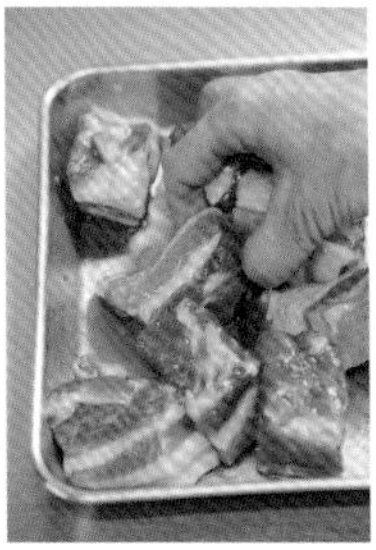

豚肉は下味の調味料をもみ込むと、仕上がりが香ばしくなる。

(2) フライパンにサラダ油を熱してしょうが、長ねぎを中火で炒め、香りが出たら豚肉の汁けをきって約3分炒める。表面全体にきれいな焼き色がついたら大根を加えて炒める。

表面を焼きつけるのは、香ばしさを加え、うまみを閉じ込めるため。

(3) 大根に油が回ったら豚肉の下味の調味料の残り、煮汁の酒、しょうゆ、砂糖を加えてひと炒めし、煮汁の水、こしょうを加え、落とし蓋をして弱めの中火で約40分煮る。大根がやわらかくなったらでき上がり。

獅《シー》子《ズ》頭《トウ》と白菜の煮もの

●——材料（2人分）

白菜…¼個
春雨（乾燥）…30g（600g）

○肉だんご

豚ひき肉…200g
卵…小1個
おろししょうが…小さじ1
長ねぎ（みじん切り）…½本
片栗粉、水…各大さじ2
酒…大さじ1
塩…小さじ½
こしょう…少々

○煮汁

水…3カップ
酒…大さじ2
しょうゆ…大さじ1
砂糖…小さじ1
塩…小さじ⅔
サラダ油…大さじ½

〝白菜が食べたくて作る、冬の定番。
肉のうまみが移ってとろとろに煮えたらいただきます〟

肉だんごは表面を焼くと香ばしくなり、煮くずれしにくい。

白菜を炒めて香りが出たら、水を加えて煮る。

●——作り方

(1) 白菜は縦半分に切り、軸は4㎝長さ、葉先は少し大きめに切る。春雨は熱湯でもどし、食べやすい長さに切る。

(2) ボウルに肉だんごの材料を入れてよく練り混ぜ、4等分にして丸める。フライパンにサラダ油を熱して肉だんごを入れ、中火で約3分焼く。きれいな焼き色がついたら上下を返し、さらに約3分焼いて取り出す（中は生でいい）。

(3) フライパンに油がないようなら少々（分量外）足し、白菜を入れて中火で3分ほど炒める。

(4) (3)に煮汁の水を加え、蓋をして弱火で10分煮る。白菜がしんなりしたら(2)を入れ、煮汁の残りの調味料を加えて中火にし、蓋をする。煮立ったら弱火にして約10分煮る。白菜がクタッとしてきたら春雨を加え、さらに2〜3分煮る。

おでん風煮もの

煮えるのに時間がかかる大根は、昆布にのせ、水で先に煮始める。

大根とにんじんがやわらかくなったところで、味つけをする。

●—材料（2人分）

大根…½本（600g）
にんじん…1本
里いも…4個
ちくわ…1本
こんにゃく…小1枚（150g）
油揚げ…2枚
さつま揚げ…4枚
切り餅…2個
ゆで卵…4個

○煮汁
水…7～8カップ
昆布…12㎝
酒…½カップ
しょうゆ、みりん
…各大さじ2
塩…小さじ1

練りがらし…適宜

●—作り方

(1) 大根は3㎝厚さの輪切りにする。にんじんは4等分に切る。里いもは皮をむく。こんにゃくは4等分の三角形に切り、水からゆでる。ちくわは斜めに4等分に切る。油揚げは箸を転がして開きやすくし、横半分に切って袋状に開く。たっぷりの熱湯でさつま揚げとともにさっとゆでて油抜きをし、水けを絞る。粗熱がとれたら半分に切った餅を入れ、口を楊枝で閉じる。

(2) 鍋に煮汁の水、昆布と大根を入れ、蓋をして中火にかけ、煮立ったら弱めの中火で約10分煮る。昆布が広がったら取り出し、1㎝幅に切ってひと結びする。

(3) さらに30分煮たらにんじんを加え、約10分煮る。

(4) 煮汁の残りの材料を加えて調味し、里いも、こんにゃく、餅入り油揚げ、ゆで卵、(2)の昆布を加えて煮る。20分したら残りの具材を加え、弱火で15～20分煮る。器に盛り、からしを添える。

〝にんじんや里いもを入れるのが特徴のわが家のおでん。味がどんどん染みるので、大量に作って数日味わいます〟

みそ汁の具は季節のものを。

〝春に好きな組み合わせ。
みずみずしい新玉ねぎの甘みを楽しみます〟

じゃがいもと新玉ねぎのみそ汁

●――材料（2人分）

じゃがいも…1個
新玉ねぎ…⅓個（70g）
だし…2カップ
みそ…大さじ1½

●――作り方

(1) じゃがいもは1cm厚さのいちょう切りにし、玉ねぎは1.5cm四方に切る。

(2) 鍋にだし、(1)を入れ、蓋をして中火にかけ、煮立ったら弱火で7～8分煮る。じゃがいもがやわらかくなったら弱火にしてみそを溶き入れる。

焼きなすのみそ汁

●――材料（2人分）

なす…2本
みょうが…1個
だし…2カップ
みそ…大さじ1½

●――作り方

(1) なすは皮に浅く切り込みを入れ、魚焼きグリルで全面に黒く焼き色がつき、中がやわらかくなるまで焼く（両面焼きで約9分）。皮をむいてヘタを落とし、長さを2～3等分に切る。みょうがは小口切りにする。

(2) 鍋にだしを煮立て、弱火にしてみそを溶き入れる。

(3) 器に(1)を入れ、(2)を注ぐ。

〝夏のみそ汁といえば、断然焼きなす。
香ばしさが加わり、味わいがぐんとアップします〟

なめこと豆腐のみそ汁

●——材料(2人分)

なめこ…½パック(50g)
絹ごし豆腐…⅓丁(100g)
長ねぎ(小口切り)…⅕本
だし…2カップ
みそ…大さじ1½

●——作り方

(1) なめこはざるに入れて流水でさっとふり洗いをし、ぬめりを軽く取る。豆腐は1cm角に切る。

(2) 鍋にだしを煮立て、弱火にしてみそを溶き入れ、(1)と長ねぎを加えて温める。

〝秋はきのこのみそ汁が多くなります。何と合わせてもおいしい万能な豆腐を加えて〟

〝冬は、大根をベースに油揚げやえのきを合わせて。甘みが出た冬の大根は本当においしい〟

大根と油揚げのみそ汁

●——材料(2人分)

大根…150g
油揚げ…½枚
だし…2カップ
みそ…大さじ1½

●——作り方

(1) 大根は細切りにする。油揚げは熱湯でさっとゆでて油抜きをし、水けを軽く絞って半分に切って細切りにする。

(2) 鍋にだし、大根を入れ、蓋をして中火にかけ、煮立ったら弱火で約10分煮る。大根がやわらかくなったら油揚げを加えてひと煮し、弱火にしてみそを溶き入れる。

〝胃腸にいい、大根おろしや粘りのあるものをいつも食卓に〟

うちの夫は健康オタクです。カラダにいい素材と聞くと、すぐに試してみるたち。70歳を過ぎて家でごはんを食べるようになってからは、毎日欠かさず大根おろしとネバネバ食材を食べています。もともと胃腸があまり強くないので、それを気遣ってのこと。大根おろしは肉や魚に添えるほか、釜揚げしらすをのせる、野菜や貝類と合わせるなど。ネバネバ食材は、夏はモロヘイヤやオクラ、冬は山いも……と季節に合わせて。私も義務のように食べているせいか体調がすこぶるよく、こうして毎日忙しく仕事をすることができています。

みぞれ汁

〝するすると飲みやすく体が温まる汁は、冬場にはかならず。具は、はんぺんのほか、ささ身やちくわでも〟

●──材料（2人分）

大根…⅙本（200g）
大根の葉…少々
はんぺん…½枚（50g）

○椀づゆ

だし…2カップ
酒…小さじ2
しょうゆ、塩…各小さじ½

○水溶き片栗粉

片栗粉…大さじ½
水…大さじ1

●──作り方

(1) 大根はすりおろし、ざるに上げて手で軽く押して水けをきる。大根の葉は小口切りにする。はんぺんは1.5㎝角に切る。

(2) 鍋に椀づゆの材料を煮立て、はんぺんを入れて中火で煮て、水溶き片栗粉でとろみをつける。

(3) 大根おろしを入れ、ひと煮したら大根の葉を加え、火を止める。

きのこのおろしあえ

〝おろしあえの具材に決まりはありません。ボリュームアップするなら、貝類や、蒸し鶏を加えて〟

●──材料（2人分）

大根…¼本（300g）
しめじ
　…小1パック（100g）
三つ葉…½束（25g）

○合わせ酢

酢…大さじ1
砂糖…小さじ1
しょうゆ…小さじ½
塩…小さじ¼

●──作り方

(1) しめじは石づきを落としてほぐし、長いものは半分に切る。耐熱容器に入れ、ラップをかけて電子レンジで約50秒加熱し、粗熱がとれるまでそのままおく。三つ葉は2㎝長さに切り、熱湯に一瞬通してざるに上げ、流水で冷まして水けを絞る。

(2) 大根はすりおろし、水けをきってボウルに入れる。合わせ酢の材料を加え混ぜ、(1)をあえる。

長いもの塩昆布あえ

〝長いものシャキシャキ感を生かしたいときは刻んで。塩昆布が具材と調味料の2つの役目をします〟

●—— 材料（2人分）

長いも…5cm（150g）
青じそ…5枚
長ねぎ（小口切り）…20g
塩昆布…3g

●—— 作り方

(1) 長いもは1cm角に切る。青じそは縦半分に切ってから、細切りにする。
(2) ボウルに(1)、長ねぎ、塩昆布を入れ、あえる。

長いものオクラのせ

〝ネバネバ素材同士を組み合わせることも。めんつゆをかけたらでき上がりです〟

●—— 材料（2人分）

長いも…5cm（150g）
オクラ…2〜3本
○めんつゆ
酒、みりん、しょうゆ、だし…各大さじ1

●—— 作り方

(1) 長いもは縦細切りにする。オクラはガクのまわりの汚れた部分をそぎ取り、塩少々（分量外）でこすって熱湯でゆで、冷水で冷まして小口切りにする。
(2) めんつゆを作る。耐熱ボウルに酒、みりんを入れて電子レンジで約20秒加熱し、だし、しょうゆを加え、粗熱をとる。
(3) 器に長いも、オクラの順にのせ、(2)をかける。

○—— 一口メモ

めんつゆは市販のものでも。

長いもともずくのあえもの

〝長いもをたたくと食感が変わり味もよくからみます〟

●材料（2人分）

長いも…5cm（150g）
もずく…80g
しょうが（せん切り）…少々
○酢じょうゆ
しょうゆ、酢…各小さじ2
砂糖…小さじ1

●作り方

(1) 長いもは皮をむいてポリ袋に入れ、めん棒などでたたき割る。
(2) 酢じょうゆの材料を混ぜ合わせ、(1)、もずく、しょうがをあえる。

アボカドの山かけ

〝粘りの強いいちょういもとねっとりとしたアボカドは思いのほかよく合います〟

●材料（2人分）

いちょういも…150g
アボカド…1個
しょうゆ、おろしわさび…各適量

●作り方

(1) アボカドは種と皮を除き、食べやすく切る。いちょういもはすりおろす。
(2) 器にアボカドを入れ、いちょういもをかける。わさびをのせ、しょうゆをかける。

めかぶときゅうりの酢じょうゆあえ

〝シャキシャキきゅうりがとろとろめかぶの食感のアクセントに〟

●材料（2人分）

めかぶ…2パック（80g）
きゅうり…1本
○酢じょうゆ
しょうゆ、酢…各小さじ2
砂糖…小さじ1

●作り方

(1) きゅうりは小口切りにし、塩水（分量外・水½カップ、塩小さじ½）に約15分つける。
(2) きゅうりがしんなりしたら水けを絞って器に盛り、めかぶを添え、酢じょうゆをかける。

オクラときゅうりのだし風

〝山形の郷土料理「だし」をアレンジ。
冷ややっこにのせたり、ごはんにのせたり〟

●──材料（2人分）

きゅうり…1本
オクラ…4本
みょうが…2個
めかぶ…1パック（40g）
削り節…½パック（1.5g）
塩…小さじ⅓

●──作り方

(1) きゅうりは5㎜角に切り、塩水（分量外・水½カップ、塩小さじ½）に約10分つけ、水けをきる。オクラはガクのまわりの汚れた部分をそぎ取り、塩少々（分量外）でこすって熱湯でゆで、冷水で冷まして5㎜角に切る。みょうがは5㎜角に切り、めかぶはざく切りにする。

(2) ボウルに(1)、削り節を入れ、塩をふってあえ、約20分おく。

納豆とにんじんのネバネバ昆布あえ

〝お気に入りの市販の納豆昆布あえを手作りで再現。
毎日、これで白いごはんを食べるのが何よりの楽しみ〟

●──材料（2人分）

納豆（小粒）…1パック（40g）
にんじん…⅕本
がごめ昆布*（細切りのもの）…5g
塩…少々
白いりごま…大さじ1
しょうゆ…小さじ½

●──作り方

(1) にんじんはスライサーでせん切りにし、塩をふって約5分おく。

(2) ボウルに(1)を汁けはきらずに入れ、納豆、がごめ昆布、ごまを加え、しょうゆであえる。

*がごめ昆布は北海道の函館近海でとれる、複雑な凹凸模様のある粘りの強い昆布。

モロヘイヤの冷ややっこ

〝栄養豊富なモロヘイヤは夏になると頻繁に。
だしじょうゆと合わせると食べやすく、いくらでも入ります〟

●——材料（2人分）

絹ごし豆腐…1丁（300g）
モロヘイヤ…1袋（100g）
みょうが…1個
おろししょうが…少々
だし…½カップ
塩…小さじ¼
しょうゆ…大さじ½

●——作り方

(1) 豆腐は半分に切り、ペーパータオルで包んで軽く水けをきる。器に盛り、冷蔵庫で冷やす。

(2) モロヘイヤは葉先を摘み、熱湯でさっとゆで、ざるに上げる。粗熱がとれたら水けを絞って細かく刻み、さらに包丁でたたいて粘りを出す。ボウルに入れ、だしを加えてのばし、塩、しょうゆで調味し、冷蔵庫で冷やす。みょうがは小口切りにする。

(3) (1)の豆腐の水を捨て、(2)のモロヘイヤをかけ、みょうが、おろししょうがをのせる。

モロヘイヤは細かく刻んでからたたき、粘りを出す。

〝肉は赤身が好き。鶏肉も脂を落として食べます〟

70歳を過ぎても、私も夫も肉好きです。毎日の夕飯では魚よりも肉が主菜の日が多いくらいで、ステーキを食べることもあります。とはいえ、脂っぽい肉はあまり得意ではなく、好きなのはもっぱら赤身肉。牛肉ならもも肉、鶏肉は胸肉を中心に、鶏もも肉のときには脂を落として食べるという具合です。食べ方は大根おろしや薬味と一緒に食べたり、サラダにしたり。量は少なめですが、好きなものを好みの調理法で食べると気持ちも満たされます。豚肉はよさげなものを見つけたときに買い求め、その日食べないときはみそ漬けにするなどしています。

牛肉のさっと焼き 薬味野菜添え

〝やわらかいしゃぶしゃぶ用の肉をさっと焼き、おろしと薬味でさっぱりと食べるのが好きです〟

●——材料（2人分）

牛もも肉（しゃぶしゃぶ用）…200g

○薬味

みょうが…2個

長ねぎ…1/3本

青じそ…5枚

大根…1/8本（150g）

塩、こしょう…各少々

しょうゆ…適量

サラダ油…大さじ1/2

●——作り方

(1) 薬味を切る。みょうが、長ねぎは小口切り、青じそは縦半分に切ってからせん切りにし、ざるに入れて流水で洗い、水けをよくきる。大根はすりおろし、ざるに上げて軽く水けをきる。

(2) 牛肉は広げて軽く塩、こしょうをふる。フライパンにサラダ油を熱し、牛肉を広げて入れ、強火でさっと焼く。色が変わったら上下を返し、さっと焼く。

(3) 器に(2)を盛り、大根おろし、薬味の順にのせ、しょうゆをかけて食べる。好みでわさびをのせても。

○——薬味セット

わが家で冷蔵庫に常備しているものの一つが薬味セット。みょうが、青じそ、長ねぎなどを刻み、ざるに入れて流水で洗い、水けをきって蓋つき容器に入れれば完成です。焼き肉、焼き魚、冷ややっこ、汁もの、めんなどに。ちょっとのせるだけでも、味のアクセントになるんですよ。

ステーキサラダ

〝葉野菜と合わせると、肉も野菜もおいしくなります。
肉は室温にもどす、野菜は水にさらす下ごしらえが肝心〟

●―材料（2人分）

牛肉（ステーキ用）…1枚（150g）
レタス類…2〜3枚
クレソン…1束（50g）
ルッコラ…2本
玉ねぎ…¼個

○黒こしょうドレッシング
塩…小さじ⅓
粗びき黒こしょう…少々
レモン汁…大さじ½
サラダ油…大さじ2

○下味
塩…ひとつまみ
こしょう…少々
サラダ油…大さじ½

●―作り方

(1) 牛肉は焼く30〜40分前に冷蔵庫から出し、室温にもどす。

(2) レタスはひと口大にちぎる。クレソン、ルッコラは食べやすい大きさにちぎる。玉ねぎは縦薄切りにする。共に冷水に約3分つけ、シャキッとしたらよく水けを拭く。

(3) 小さいボウルにドレッシングの材料のサラダ油以外を入れてよく混ぜ、サラダ油を少しずつ加えて混ぜる。

(4) 牛肉は下味の塩、こしょうをふる。フライパンにサラダ油を中火で熱し、牛肉を入れ、フライ返しで軽くおさえながら2分弱焼く。きれいな焼き色がついたら返し、もう片面も約1分焼く。アルミホイルで包んで2〜3分おいてから、5㎜厚さのそぎ切りにする。

(5) 器に(2)、(4)を盛り合わせ、(3)をかける。

葉野菜と玉ねぎは冷水にさらしてシャキッとさせ、水けをよく拭く。食べるまで時間があるときは、ペーパータオルでふんわり包んで冷蔵庫で冷やしておく。

牛肉は焼いたらアルミホイルで包んで2〜3分おき、肉汁を落ち着かせる。冷めないよう、コンロのそばに置くとよい。

鶏肉は
もも肉はグリル焼き、
胸肉は炒めものに。

鶏肉のグリル焼き

"鶏肉はグリルで焼くと、
脂が落ち、皮目もパリッ！
このまま食べたり、サラダにしたり。
その日の気分で"

●──材料（2人分）

鶏もも肉…1枚（250g）
ピーマン…2個
○下味
──塩…小さじ¼
──こしょう…少々
ゆずこしょう…少々

●──作り方

(1) ピーマンは縦半分に切り、ヘタと種を取り除く。鶏肉は余分な脂を取り除き、下味の塩、こしょうをふる。

(2) 魚焼きグリルに鶏肉の皮目を上にして置き、空いているところにピーマンを並べる。表面に程よい焼き色がつき、中に火が通るまで焼く（両面焼きで約12分）。途中、ピーマンが焼けたら（両面焼きで7～8分）先に取り出す。

(3) 鶏肉を食べやすく切り、ピーマンとともに器に盛り、ゆずこしょうを添える。

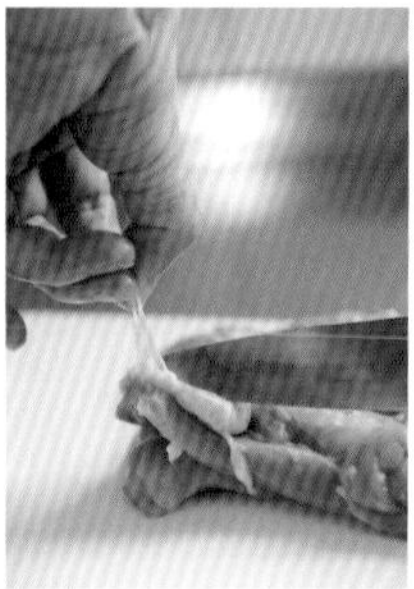

鶏肉は肉と皮の間にある、
黄色い脂も取り除く。

鶏胸肉とアスパラ、玉ねぎの塩炒め

〝脂が少ない胸肉もよく使う素材。パサつきがちですが、片栗粉をふるとつるりとします〟

●——材料（2人分）

鶏胸肉…小1枚（150g）
グリーンアスパラガス…6本（150g）
玉ねぎ…½個

○下味

酒…小さじ1
塩、おろししょうが…各少々

○合わせ調味料

酒、水…各大さじ1
砂糖、片栗粉…各小さじ½
塩…小さじ⅓
こしょう…少々

片栗粉…小さじ1
サラダ油…適量
ごま油…小さじ1

胸肉は片栗粉をまぶして炒めると、つるりと食べやすく、調味料もからみやすい。

●——作り方

(1) 鶏肉は7～8㎜幅の細切りにし、下味をもみ込む。アスパラガスは根元1㎝を切り落とし、下から5㎝までの皮をむき、斜めに4等分に切る。玉ねぎは1㎝幅のくし形に切り、ほぐす。合わせ調味料は混ぜる。

(2) フライパンにサラダ油大さじ½を熱し、鶏肉に片栗粉をまぶして入れ、ほぐしながら炒め、色が変わったら取り出す。

(3) (2)のフライパンをきれいにしてサラダ油大さじ½を熱し、アスパラガスを入れて塩少々と水大さじ1（各分量外）をふり、蓋をして強めの中火で蒸し炒めにする。ときどき混ぜ、アスパラガスが色鮮やかになったら、玉ねぎを加えて中火で炒め合わせる。

(4) 玉ねぎが透き通ったら(2)を戻し入れ、合わせ調味料を回し入れ、ごま油で香りをつける。

豚肉はうまみのある肩ロースやロース肉を。

豚肉のみそ漬け焼き

〝みそに漬けておけば、あとは焼くだけです。味が染みてうまみが増し、やわらかくなりますよ〟

●—材料（2人分）

豚肩ロース肉（豚カツ用）…2切れ（250g）
みそ…大さじ2
○つけ合わせ
キャベツ…1〜2枚（100g）
ピーマン…2個
サラダ油…大さじ½

●—作り方

(1) 豚肉の片面にみその半量を塗り、保存袋に入れる。袋の上下を返し、残りのみそをもう片面に塗る。保存袋の上からこするようにしてみそを全体に行き渡らせ、空気を抜いて口を閉じ、冷蔵庫に2〜3日おく。途中上下を返す。

(2) キャベツはひと口大に切り、ピーマンは縦半分に切ってヘタと種を取り除き、横4等分に切る。耐熱容器に入れ、ラップをかけて電子レンジで約2分加熱する。

(3) 豚肉のみそをペーパータオルなどで拭き取り、サラダ油を熱したフライパンに入れる。弱火で4分焼き、きれいな焼き色がついたら上下を返し、中に火が通るまでさらに4〜5分焼く。

(4) 器に(3)を盛り、(2)を添える。

豚肉の片面にみそを塗って保存袋に入れ、もう片面は袋に入れてから塗る。口を閉じるときはできるだけ空気を抜くと早く漬かる。

豚薄切り肉のソテー ハニーマスタードソース

〝しょうが焼きに飽きたときに作るのが、この料理。甘酸っぱいソースが豚肉によく合います〟

●—材料（2人分）

豚ロース肉（しょうが焼き用）…6枚（200g）

○下味

—塩…ひとつまみ

こしょう…少々

○ハニーマスタードソース

—フレンチマスタード…大さじ2

はちみつ…大さじ1

塩…少々

○つけ合わせ

—ベビーリーフ…適量

サラダ油…適量

●—作り方

(1) 豚肉は肉と脂の間の筋を切り、外側の脂に切り込みを入れ、下味の塩、こしょうをふる。ソースの調味料は混ぜ合わせる。

(2) フライパンにサラダ油大さじ½を熱し、豚肉の半量を広げて並べ入れ、中火で焼く。きれいな焼き色がついたら上下を返し、もう片面も色よく焼く。残りも同様に焼く。

(3) 器に(2)を盛り、ベビーリーフを添え、ハニーマスタードソースをかける。

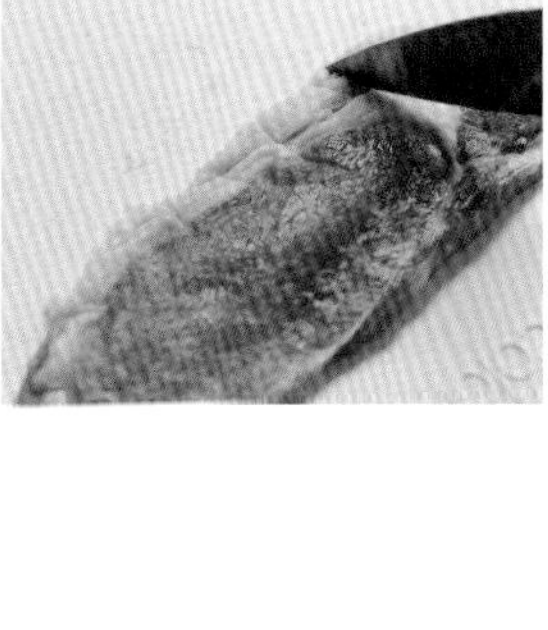

肉と脂の間の筋を切ると、焼いたときに反らない。外側の脂にも切り込みを入れる。

ひき肉は購入後、すぐに調理。残り野菜も一緒に。

ミートソース

〝作っておけば、パスタにラザニアに、と使い道いろいろ。隠し味の砂糖が、味わいにコクをプラスします〟

●材料（4人分）

合いびき肉…300g
にんじん…⅔本
玉ねぎ…½個
セロリ…⅓本
トマト…6個
にんにく…1かけ
小麦粉…大さじ1
ローリエ…1枚
塩…小さじ1½
こしょう…少々
砂糖…小さじ1
トマトケチャップ…大さじ1
オリーブ油…大さじ1½

でき上がり量900mℓ
日持ちの目安：冷蔵庫で3～4日、冷凍庫で3週間

●作り方

(1) にんじん、玉ねぎ、セロリ、にんにくはみじん切りにする。トマトは1cm角に切る。

(2) 鍋にオリーブ油を熱し、にんじん、玉ねぎ、セロリを中火で炒め、薄く色づいたらひき肉を加え、ほぐすように炒める。肉の色が変わったら真ん中をあけ、にんにくを加えて炒める。香りが出たら小麦粉をふって炒める。

(3) 粉っぽさがなくなったらトマトを入れ、ローリエ、塩、こしょう、砂糖、ケチャップを加えて蓋をずらしてかける。ときどき混ぜながら約15分煮る。

ドライカレー

〝夫婦そろってドライカレー好き。半端に残った野菜も使えるので便利ですよ〟

●材料（4人分）

合いびき肉…200g
ピーマン…2個
玉ねぎ…小1個
にんじん…⅔本
セロリ…⅓本
なす…2本
トマト…大1個
オクラ…8～10本（80g）
にんにく（みじん切り）…1かけ
しょうが（みじん切り）…1かけ
カレー粉…大さじ2
ローリエ…1枚
塩…小さじ1
こしょう…少々
ガラムマサラ…小さじ1
トマトケチャップ、しょうゆ…各大さじ1
サラダ油…大さじ1½

でき上がり量900mℓ
日持ちの目安：冷蔵庫で3～4日、冷凍庫で3週間

●作り方

(1) ピーマンはヘタと種を取り除き、玉ねぎ、にんじん、セロリ、なす、トマトとともに5mm角に切る。オクラは塩少々（分量外）でこすって洗い、5mm角に切る。

(2) フライパンにサラダ油を熱し、玉ねぎ、にんじん、セロリを中火で炒める。玉ねぎが透き通ってきたらにんにく、しょうがを加えて炒め、香りが出たらひき肉を加えて炒める。

(3) 肉の色が変わったらカレー粉をふって炒め、香りが出たらなす、ピーマンを加えて炒める。野菜がしんなりしたらトマト、オクラ、ローリエを入れ、塩、こしょうで調味する。

(4) 煮立ったら蓋をして弱めの中火で約5分、途中混ぜながら煮る。ガラムマサラ、ケチャップ、しょうゆを加えて、ひと煮する。

ミートソース
ドライカレー

〝魚は体にいい青魚を。刺身に、塩焼きにとシンプル調理でいただきます〟

魚は煮魚よりも焼き魚派です。シンプルに塩焼きにするほか、最近はしょうゆ麹に漬けて焼くことも多くなりました。発酵食品の香ばしさと、ふっくらとした身が何ともいえません。魚の種類では断然青魚が好きですね。刺身ならまぐろやかつおもいいけれど、一番は何といってもあじ！ 新鮮なあじを見かけると素通りできません。刺身やたたき、なめろう、サラダで楽しみます。夫は洋食好きなので、鮭やたい、たらでポワレやムニエルもよく作りますよ。ソテーした魚自体よりもタルタルソースが好き、というのが本音のようです。

ぶりのしょうゆ麹漬け

〝しょうゆ麹に漬けて焼くと、照り焼き風に。麹の力で魚の身が驚くほどふっくらします〟

●──材料（2人分）

ぶり（背側）…2切れ（200g）
しょうゆ麹…大さじ2
長ねぎ…½本

●──作り方

(1) 保存袋にぶりを重ならないように入れ、両側から半量ずつしょうゆ麹を入れる。袋の上からそっとのばして全体に行き渡らせ、空気を抜いて口を閉じ、冷蔵庫に3〜4日おく。

(2) 長ねぎは3〜4㎝長さに切る。

(3) (1)のしょうゆ麹をよく拭き取り、魚焼きグリルに並べ、長ねぎとともに色よく焼く（両面焼きで7〜8分）。途中、長ねぎが焼けたら、先に取り出す。

(4) 器にぶりを盛り、脇に長ねぎを添える。

しょうゆ麹の作り方

●──材料（2人分）

米麹…1袋（200g）
しょうゆ…300㎖

●──作り方

(1) ボウルに米麹を入れ、手で細かくほぐす。

(2) 清潔な密閉容器に(1)を移し、しょうゆを加えてとろみが出るまで混ぜ、蓋をずらしてのせる。1日1回、清潔なスプーンで底から混ぜる。

(3) 麹の粒が指で簡単につぶせるくらいになったらでき上がり。日数の目安は、夏場は室温で1週間、冬場は10〜14日。蓋を閉め、冷蔵庫で保存する。

●──使い方

魚や肉を漬ける。野菜スティックにつける。冷ややっこにのせる。

保存の目安：
冷蔵庫で2〜3カ月

あじの刺身とせん切り野菜の赤じそサラダ

〝せん切りにした野菜が
この料理の陰の立役者。
シャキッとさせ、
あじのねっとり感を引き立てて〟

●――材料（2人分）

あじ（刺身用）…2尾
（300g・正味150g）
セロリ…⅓本
きゅうり…1本
紫玉ねぎ…¼個
青じそ…5枚
しょうが…1かけ
塩…少々

○赤じそドレッシング

赤じそ風味ふりかけ…小さじ1
レモン汁、サラダ油、ごま油
…各大さじ1
しょうゆ…小さじ1

●――作り方

(1) あじは三枚におろして腹骨をそぎ取り、小骨を抜いて皮をむく。ごく薄く塩をふり、冷蔵庫で冷やす。

(2) ドレッシングの材料は混ぜ合わせる。

(3) セロリは筋を取り、5㎝長さの縦せん切りにする。きゅうりも同様に切る。紫玉ねぎは縦薄切りにする。青じそは縦半分に切ってから5㎜幅のせん切り、しょうがもせん切りにする。きゅうりは冷蔵庫に入れ、それ以外は冷水に約3分つけ、シャキッとしたらよく水けを拭く。

(4) (1)を冷蔵庫から出し、ひと口大のそぎ切りにする。

(5) ボウルに(3)、(4)を入れ、(2)であえる。

あじの三枚おろし

(1)

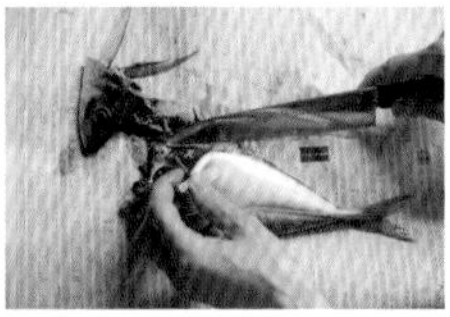

あじは頭を落とし、腹側から肛門まで切り込みを入れ、はらわたをかき出し、腹の中を流水できれいに洗う。

(2)

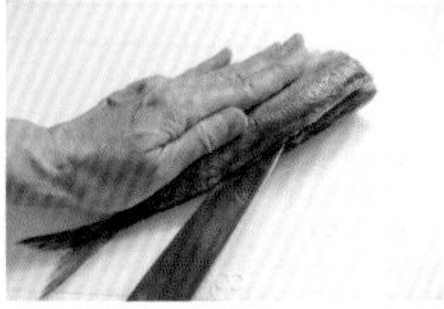

上身の背側を手前にし、中骨のあたりまで包丁を入れる。

(3)

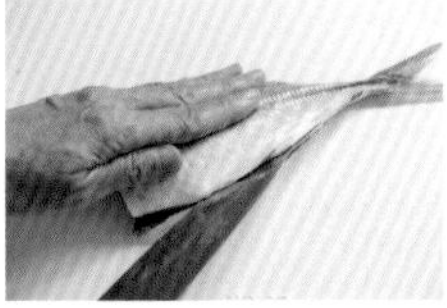

腹側からも中骨のあたりまで包丁を入れる。

(4)

尾を右にして置き、尾を持ちながら尾の方から頭に向けて包丁を動かし、上身を中骨からはずす。尾とつながった部分は包丁を尾に向けて切り離す。

(5)

下身も同様に背側、腹側の順に切り込みを入れて切り離し、三枚におろす。

※アニサキスが心配な場合は、おろしてから48時間以上冷凍して死滅させる。

あじのたたき

〝たたきには薬味をたっぷりと!
練らないように混ぜ合わせてください〟

●──材料（2人分）

あじ（刺身用）…2尾
（300g・正味150g）
細ねぎ…3本
みょうが…2個
青じそ…5枚
しょうがのみじん切り
…大さじ1
しょうゆ…適量

●──作り方

(1) あじは三枚におろして腹骨をそぎ取り、小骨を抜いて皮をむき、1cm角に切る。

(2) 細ねぎ、みょうがは小口切り、青じそは1cm四方に切る。

(3) まな板に(1)、(2)、しょうがをのせ、混ぜながら包丁で軽くたたく。器に盛り、しょうゆをかけて食べる。

あじのなめろう

〝みそ味にしたら、ごはんが恋しくなります。
まず魚だけに調味料を混ぜ、次に野菜を加えましょう〟

●──材料（2人分）

あじ（刺身用）…2尾
（300g・正味150g）
青じそ…10枚
長ねぎ（小口切り）…10cm
おろししょうが
…大さじ½
みそ…大さじ1½

●──作り方

(1) あじは三枚におろして腹骨をそぎ取り、小骨を抜いて皮をむき、1cm角に切る。

(2) 青じそ5枚は5mm四方に切る。

(3) まな板に(1)、みそ、おろししょうがをのせ、混ぜながら包丁でたたく。さらに、長ねぎ、(2)を加え、軽くたたきながら混ぜる。

(4) 器に青じそ5枚を敷き、(3)を盛りつける。

さばの塩焼き　大根おろし薬味添え

〝焼き魚には大根おろしと薬味をたっぷりが、わが家流。
この食べ方なら、毎日でも飽きません〟

●——材料（2人分）

さば…2切れ（200g）

○薬味

みょうが…1個

長ねぎ…¼本

青じそ…5枚

大根…⅙本（200g）

塩…小さじ½

ポン酢じょうゆ…適量

●——作り方

(1) 薬味を用意する。みょうが、長ねぎは小口切り、青じそは縦半分に切ってからせん切りにし、ざるに入れて流水で洗い、水けをよくきる。大根はすりおろし、ざるに上げて軽く水けをきる。

(2) さばは皮目に十字の切り込みを入れ、両面に塩をふる。魚焼きグリルに皮目を上にしてのせて焼く。きれいな焼き色がついて中に火が通るまで焼く（両面焼きで7〜8分）。

(3) 器に(2)を盛り、薬味、大根おろしを添え、大根おろしにポン酢じょうゆをかける。

鮭のポワレ タルタルソース

〝少し手間でも、タルタルソースはかならず作ります。パリッと焼けた魚にかけると、おいしさひとしお〟

●── 材料（2人分）

生鮭…2切れ（240g）

○下味

塩…小さじ⅓
こしょう…少々

○タルタルソース

ゆで卵…1個
玉ねぎのみじん切り…大さじ2
パセリのみじん切り…小さじ1
ピクルスのみじん切り…大さじ1
マヨネーズ…大さじ4
レモン汁…少々
塩、こしょう…各少々

サラダ油、バター…各大さじ½
レモン（くし形切り）…2切れ

●── 作り方

⑴ 鮭は両面に下味の塩をふり、約10分おく。

⑵ タルタルソースを作る。ゆで卵はみじん切りにしてボウルに入れ、残りの材料と混ぜ合わせる。

⑶ ⑴の鮭から出てきた水けをペーパータオルで拭き取り、下味のこしょうをふる。フライパンにサラダ油を熱し、鮭を盛ったときに表にするほうを下にして入れ、バターを加えて約2分焼く。きれいな焼き色がついたら上下を返し、もう片面も約2分焼いて中まで火を通す。

⑷ 器に⑶を盛り、粉ふきいも（左記）、レモンを添え、⑵をかける。

粉ふきいもの作り方

●── 材料（2人分）

じゃがいも…1個
塩、こしょう…各少々

●── 作り方

⑴ じゃがいもはひと口大に切って鍋に入れ、ひたひたまで水を加え、蓋をして中火にかける。煮立ったら弱めの中火にしてゆでる。

⑵ 竹串がスーッと通るくらいになったら湯を捨てる。弱火にかけ、鍋をゆすりながら粉をふかせ、塩、こしょうをふる。

〝野菜もおひたしばかりでは飽きがきます。蒸し炒めやパンチのある味つけが重宝〟

何といっても、たくさん食べたいのは野菜です。中でも栄養豊富な緑黄色野菜は毎日食べるよう意識しています。最近の好きな食べ方は、野菜の持ち味をダイレクトに味わえる蒸し炒め。水分を加えずに加熱すると野菜自体の味が濃くなるので、塩、こしょうやカレー塩、チーズをかけるだけで十分おいしくなります。それ以外でよく作るのは、野菜がいくらでも食べられる麻婆《マーボー》味や干しえびを加えて作った香味ソース。みそそぼろをゆで野菜にかけるのも気に入っています。おひたしやごまあえに飽きたときに、これらの食べ方がおすすめです。

じゃがいもと
スナップえんどうの蒸し炒め

〝じゃがいもはほっくり、
スナップえんどうはプリッ。
本来のおいしさが
味わえます〟

●——材料（2人分）

じゃがいも
…小3個（300g）
スナップえんどう
…100g
○カレー塩
カレー粉…少々
塩…ひとつまみ
サラダ油…大さじ1

●——作り方

(1) じゃがいもは1.5cm厚さの半月切りにする。スナップえんどうは筋を取る。

(2) フライパンにサラダ油を熱してじゃがいもを入れ、蓋をして、ときどき返しながら弱めの中火で11〜12分蒸し炒めにする。

(3) スナップえんどうを加え、鮮やかな色になるまで約2分蒸し炒めにする。混ぜ合わせたカレー塩をふる。

かぼちゃとカリフラワーの蒸し炒め

〝かぼちゃの
ほくほく感と甘み、
カリフラワーの
おいしさを
引き出したところに、
チーズをかけて〟

●——材料（2人分）

かぼちゃ…200g
カリフラワー…¼個（200g）
塩、こしょう…各少々
パルメザンチーズ…適量
オリーブ油…大さじ1

●——作り方

(1) かぼちゃは種とワタを除き、皮つきのまま1cm厚さの小さめのひと口大に切り、カリフラワーは小さめの小房に分ける。

(2) フライパンにオリーブ油を熱して(1)を入れ、蓋をしてときどき返しながら弱めの中火で8〜10分蒸し炒めにし、塩、こしょうをふる。

(3) 器に盛り、パルメザンチーズをふる。

香味ソースで作る、食感も楽しい野菜の中華あえ。

きゅうりの香味あえ

〝ポリポリ食感のきゅうりを、いろいろな香りが味わえるソースであえるだけ〟

●──材料（2人分）

きゅうり…2本
香味ソース（下記）…全量

●──作り方

(1) きゅうりは長めの乱切りにする。

(2) ボウルに(1)を入れ、香味ソースを加えてあえる。

香味ソース

●──材料（2人分）

干しえび … 大さじ1
しょうがのみじん切り
　… 大さじ½
味つきザーサイのみじん切り
　… 大さじ1
長ねぎのみじん切り… 大さじ2
酒、しょうゆ … 各小さじ1
砂糖 … 小さじ½
こしょう … 少々
サラダ油 … 大さじ1

●──作り方

(1) 干しえびはさっと洗って水けを拭き、粗みじん切りにする。

(2) フライパンにサラダ油を熱し、(1)、しょうがを入れて弱火で炒め、香りが出たら残りの材料を入れて炒め合わせる。

アスパラガスの香味あえ

〝アスパラガスを中華風に食べたいときはこの食べ方。甘くゆで上がったところにソースをたっぷりまとわせて〟

●——材料（2人分）

グリーンアスパラガス…10～12本（200g）
香味ソース（50ページ）…全量

●——作り方

(1) アスパラガスは根元1cmを切り落とし、下から5cmまでの皮をむき、長さを半分に切る。

(2) 鍋にたっぷりの湯を沸かして塩少々（分量外）を加え、(1)を入れて約2分ゆで、ざるに上げる。

(3) 器に盛り、香味ソースをかける。

香味ソースのおかずバリエーション

香味ソースは生野菜、ゆで野菜にかけるほか、冷ややっこにのせても。

●——さやいんげん

さやいんげん120gを3～4cm長さに切り、塩少々を入れた熱湯で2～3分ゆで、水けをきる。器に盛り、香味ソースをかける。

●——ほうれん草

ほうれん草1束（200g）は4cm長さに切り、たっぷりの熱湯で茎、葉先の順にゆで、ざるに上げ、粗熱がとれたら水けを絞る。器に盛り、香味ソースをかける。

●——トマト

トマト2個はくし形に切る。器に盛り、香味ソースをかける。

サラダ野菜もみそそぼろでボリュームアップ。

ゴーヤのみそそぼろあえ

〝苦みのあるゴーヤにみその濃厚なコクは相性のいい組み合わせ。生のゴーヤもなかなか〟

●――材料（2人分）

ゴーヤ…¼本（75g）
みょうが…2個
みそそぼろ（下記）…½量

●――作り方

(1) ゴーヤは縦半分に切ってワタと種を取り除き、横薄切りにして冷水に約3分つけて水けをきる。みょうがは小口切りにし、ざるに入れて流水で洗い、水けをよくきる。

(2) ボウルに(1)を入れ、みそそぼろを加えてさっとあえる。

みそそぼろ

●――材料（2人分）

鶏ひき肉（もも肉）…100g
酒…大さじ½
砂糖…大さじ1
しょうゆ…小さじ1
みそ…大さじ2

●――作り方

(1) 鍋にみそ以外の材料を入れて菜箸4本で混ぜてから、弱めの中火にかけて混ぜる。肉の色が変わり、水分が出てきたら中火にして煮汁をとばす。

(2) みそを加え、さらにとろりとするまで煮て、火から下ろして粗熱をとる。

レタスと玉ねぎのみそそぼろサラダ

〝シャキシャキ食感のレタスと玉ねぎを混ぜて。そぼろのコクとうまみで、ボリュームのある一品に〟

●——材料（2人分）

レタス…⅓個（100g）
玉ねぎ…¼個
みそそぼろ（52ページ）…½量

●——作り方

(1) レタスは食べやすくちぎる。玉ねぎは縦薄切りにする。共に冷水に入れてシャキッとさせ、水けをきる。

(2) 器に(1)を盛り、みそそぼろをかける。

みそそぼろのおかずバリエーション

うまみもボリュームもしっかりしているので、淡泊な味の野菜をおいしくしてくれます。

●——じゃがいも

じゃがいも2個は2cm厚さのいちょう切りにして鍋に入れ、かぶるくらいの水と塩少々を入れ、蓋をして約10分ゆで、湯を捨てる。器に盛り、みそそぼろの½量をかける。

●——ブロッコリー

ブロッコリー小1個（200g）は小房に分け、茎は皮をむいて1.5cm角に切る。塩少々を入れた熱湯で3〜4分ゆでて水けをきる。器に盛り、みそそぼろの½量をかける。

●——もやし

もやし1袋（200g）はひげ根を取り、耐熱容器に入れ、ラップをかけて電子レンジで約2分30秒加熱する。出てきた水けをきって器に盛り、みそそぼろの½量をかける。

野菜がたくさん
食べられる、
うま辛麻《マー》婆《ボー》おかず。

麻婆白菜

〝くったりするまで火を通した甘い白菜と
辛みが効いたソースがお互いを引き立てます〟

●—材料（2人分）

白菜…⅙個（400g）
豚ひき肉…150g
にんにくのみじん切り…小さじ1
しょうがのみじん切り…小さじ1
豆板醤…小さじ½

○A
—酒、しょうゆ…各大さじ1
—塩…小さじ½
—こしょう…少々

○水溶き片栗粉
—片栗粉…大さじ1
—水…大さじ2

サラダ油…大さじ1
ごま油…小さじ1

●—作り方

(1) 白菜は、軸は長さを半分に切って縦1cm幅に切り、葉先は2〜3cm幅に切る。

(2) フライパンにサラダ油を熱し、にんにく、しょうがを中火で炒め、香りが出たらひき肉を加え、ほぐしながらよく炒める。肉から透明の脂が出てきたら中央をあけ、豆板醤を加えて炒める。

(3) 香りが出たら白菜の軸を入れ、透き通ったら葉を加えて油が回るまで約2分炒める。

(4) 水1カップを加えて煮立て、Aを順に加え、白菜がやわらかくなるまで6〜7分煮る。水溶き片栗粉でとろみをつけ、ごま油で香りをつける。

麻婆大根春雨

●──材料（2人分）

大根…⅓本（400g）
春雨（乾燥）…30g
豚ひき肉…150g
にんにくのみじん切り…小さじ1
しょうがのみじん切り…小さじ1
豆板醤…小さじ½

○A
酒…大さじ1
しょうゆ…大さじ2
塩…小さじ½
こしょう…少々

○水溶き片栗粉
片栗粉…大さじ1
水…大さじ2

サラダ油…大さじ1
ごま油…小さじ1

〝淡泊な味の大根には、麻婆味がよく合います。春雨を加えると、おいしさ二倍。つるつる食感で箸が進みます〟

●──作り方

(1) 大根は2cm角に切る。春雨は熱湯でもどし、食べやすい長さに切る。

(2) フライパンにサラダ油を熱し、にんにく、しょうがを中火で炒め、香りが出たらひき肉を加え、ほぐしながらよく炒める。肉から透明の脂が出てきたら中央をあけ、豆板醤を加えて炒める。香りが出てきたら大根を加えてさらに炒める。

(3) 大根が透き通ってきたら水2カップを加え、煮立ったら出てきたアクを除き、Aを順に加え、蓋をして弱火で約20分煮る。

(4) 大根がやわらかくなったら春雨を加えて中火で1〜2分煮て、水溶き片栗粉でとろみをつけ、ごま油で香りをつける。

麻婆味の
おかずバリエーション

野菜がたっぷり食べられるだけでなく、主菜にもなるのでとても便利。野菜を加えるタイミングが違うだけで、作り方はほぼ同じです。

●──なす

なす4本は縦半分に切り、皮目に斜めの切り込みを入れ、さらに縦半分に切る。サラダ油大さじ4を熱したフライパンに皮目を下にして入れ、ときどき返しながら6〜7分揚げ焼きにし、取り出す。「麻婆白菜」の作り方(2)と同様に作り、甜麺醤小さじ2、水1カップを加え、Aを順に加えて、なすを戻し入れる。水溶き片栗粉でとろみをつけ、ごま油で香りをつける。

●──小松菜

小松菜1束（300g）は4cm長さに切り、茎と葉に分ける。「麻婆白菜」と同様に作る。

〝電子レンジは時間がないときに。でも、本当においしく作れるものだけ〟

時間がないときには電子レンジに頼ることもあります。つきっきりでなくていいのは、やはり便利ですよね。もともとは蒸し器で作るものも、素材によっては電子レンジのほうがおいしく作れる料理もあるんですよ。中でも、魚を蒸すのは電子レンジの得意ワザ。魚に酒と塩だけをかけてシンプルに蒸してたれをかけるのもいいですし、調味料をからめてレンジ加熱してもいい。鶏胸肉もちょっとのコツでおいしく蒸せます。料理は毎日のことなので、自分の中の手抜きワザがいくつかあるとそれに助けられると思います。

鶏胸肉の酒蒸し

〝コツは余熱でしっかりと肉に肉汁を戻すこと。薬味入りのソースでシンプル味にコクをプラスします〟

●材料（2人分）

鶏胸肉…1枚（250g）
きゅうり…1本

○下味
酒…大さじ1
塩…ひとつまみ
しょうがの皮…少々
長ねぎ（青い部分）…5㎝

○香味だれ
長ねぎのみじん切り…大さじ1
しょうがのみじん切り…小さじ1
しょうゆ…大さじ⅔
オイスターソース、酢、ごま油…各小さじ1
ラー油（好みで）、こしょう…各少々

鶏胸肉は肉汁を肉の中に戻し、しっとりとさせるために、粗熱がとれるまでラップをかけたまま放置する。

●作り方

⑴ 耐熱皿に鶏肉を入れ、下味の酒、塩をふり、しょうがの皮、長ねぎの青い部分をのせ、ふんわりとラップをかけて電子レンジで約5分加熱する。粗熱がとれるまでそのままおき、5㎜厚さのそぎ切りにする。

⑵ きゅうりは長さを半分に切り、縦薄切りにする。香味だれの材料は混ぜ合わせる。

⑶ 器にきゅうりを盛り、⑴をのせ、香味だれをかける。

あじの豆《トウ》豉《チ》蒸し

〝独特のうまみのある
豆豉と梅干しの酸味が
あじをやさしく包み込みます〟

● 材料（2人分）

あじ（三枚におろしたもの。44ページ）
…2尾分（400g・正味200g）
長ねぎ…10cm
香菜…適量

○下味
酒…大さじ½
塩…少々

○たれ
豆豉、しょうがのみじん切り
…各小さじ1
長ねぎのみじん切り…大さじ1
酒…大さじ½
しょうゆ…小さじ½
こしょう…少々
ごま油…小さじ1

梅干し…½個（5g）

あじにたれをかけ、梅干しをのせ、ラップをかけて電子レンジで加熱するだけ。

● 作り方

(1) あじは腹骨をそぎ取って小骨を抜き、下味の酒、塩をふって約10分おく。

(2) 長ねぎは5cm長さに切り、縦に切り込みを入れて芯を除き、縦のせん切りにする。冷水につけて約15分おき、ざるに上げる。香菜は3〜4cm長さに切り、長ねぎの冷水に加え、水けをきる。

(3) たれの材料は混ぜ合わせる。梅干しは種を除き、ちぎる。

(4) 耐熱皿にあじを並べ、たれをかける。梅肉を散らし、ラップをふんわりとかけて電子レンジで約2分加熱する。

(5) 器に(4)を盛り、(2)をのせる。

たらと長ねぎ、エリンギの辛み蒸し

〝豆板醤入りの辛味だれが味の決め手です。たらのほか、えびでもおいしく作れます〟

● 材料（2人分）

たら…2切れ（200g）
エリンギ…2本（100g）
長ねぎ（細いもの）…1本（80g）
しょうが…1かけ
○たれ
塩…小さじ⅓
酒、砂糖、しょうゆ、ごま油…各小さじ1
こしょう、豆板醤…各少々
片栗粉…大さじ1

● 作り方

(1) たらはひと口大に切る。耐熱ボウルに入れ、たれの調味料をしっかりともみ込む。

(2) エリンギは長さを半分にしてから、縦5㎜厚さに切る。長ねぎは幅1㎝の斜め切り、しょうがは薄切りにする。

(3) (1)に(2)、片栗粉を加え、全体をよく混ぜる。粉っぽさがなくなったら、ラップをふんわりとかけて電子レンジで約6分加熱する。

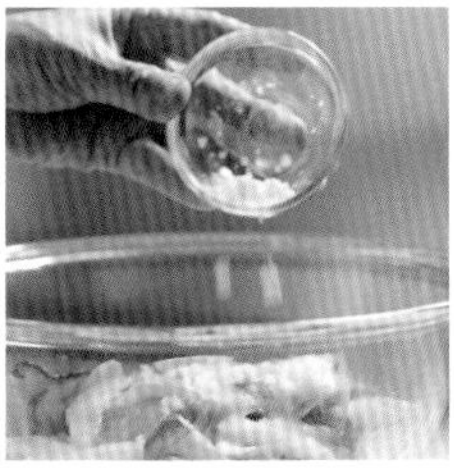

最後に片栗粉を混ぜると、味がしっかりからまり、汁けが出にくくなる。とろみがつく効果も。

〝何品も作りたくない日は、中華おかずに。短時間でできるのも助かります〟

中華おかずもよく作ります。ごはんに合うものが多く、肉や魚介などのたんぱく質と野菜がバランスよく入れられるので一品でも満足感があります。下ごしらえさえしておけば、短時間で作れること、中途半端に残ってしまった野菜もあんでとじればおいしくなることも、中華おかずの魅力でしょうか。最近は夫が得意な中華料理も増えてきたので、「あれ、作って」とリクエストする機会が増えました。中華おかずは孫にも人気です。これから料理を始める男性も、覚えておくと株が上がること間違いなしですよ。

じゃがいも入り青椒肉絲《チンジャオロースー》

〝たけのこを入れるのが一般的ですが、その季節でないならじゃがいもを、と入れてみたら、思いのほかおいしい！〟

●——材料（2人分）

牛肉（焼き肉用または切り落とし）…150g
ピーマン…2個
じゃがいも…大1個
しょうが（せん切り）…½かけ

○下味
しょうゆ、酒…各小さじ1

○合わせ調味料
酒、しょうゆ…各大さじ½
砂糖…小さじ½
塩…ひとつまみ
こしょう…少々

片栗粉…小さじ1
サラダ油…適量
ごま油…小さじ1

●——作り方

(1) 牛肉は7〜8㎜幅の細切りにし、下味の調味料をもみ込む。

(2) ピーマンはヘタと種を取り除き、じゃがいもとともに7〜8㎜幅の細切りにする。じゃがいもはさっと水に通し、水けを拭く。合わせ調味料は混ぜ合わせる。

(3) フライパンにサラダ油大さじ½を熱し、(1)に片栗粉をまぶして入れ、ほぐしながら中火で炒め、色が変わったら取り出す。

(4) (3)のフライパンをきれいにしてサラダ油大さじ1を熱し、じゃがいもを入れ、蓋をしてときどき混ぜながら約3分蒸し炒めにする。蓋を取り、約3分炒めて表面がこんがりしてきたら、しょうが、ピーマンを加えて炒める。ピーマンが色鮮やかになったら、強めの中火にして(3)を戻し入れ、合わせ調味料を加えて手早く炒め合わせ、仕上げにごま油をふる。

豚肉とキャベツのうま煮

● 材料（2人分）

豚こま切れ肉…150g
キャベツ…200g
にんじん…⅓本
生しいたけ…4枚

○下味
酒、しょうゆ…各小さじ1
おろししょうが…小さじ½
片栗粉…大さじ½

○A
酒、しょうゆ…各大さじ1
砂糖…小さじ1
塩…小さじ¼
こしょう…少々

○水溶き片栗粉
片栗粉…大さじ½
水…大さじ1
サラダ油…適量
ごま油…小さじ1

〝焼いた中華めんにかけたり、ごはんにのせたり、食べ方いろいろ。キャベツを白菜に替えて作ってもいいですよ〟

豚肉に片栗粉をまぶして、うまみをとじこめる。つるりと食感もよくなる。

水溶き片栗粉でとろみをつける。煮汁を回ししているところに加えるのがコツ。

● 作り方

(1) 豚肉は大きいものはひと口大に切り、下味の調味料をもみ込む。キャベツはひと口大に切り、にんじんは短冊切り、しいたけは石づきを落として2〜3等分のそぎ切りにする。

(2) フライパンにサラダ油大さじ½を熱し、豚肉に片栗粉をまぶして入れ、中火でほぐしながら炒め、色が変わったら取り出す。

(3) (2)のフライパンをきれいにしてサラダ油大さじ1を熱し、にんじん、しいたけ、キャベツの順に入れて炒める。キャベツがしんなりしたら水1カップを加え、煮立ったらAを加え、再び煮立ったら約2分煮る。にんじんに火が通ったら豚肉を戻し入れてひと煮し、水溶き片栗粉を加えてとろみをつけ、ごま油で香りをつける。

白菜ときのこ、ほたてのうま煮

〝八宝菜風の味つけで材料は少なくした、三宝菜です。うまみたっぷりのほたて缶の缶汁も残さず加えて〟

●材料（2人分）

白菜…1/8個（300g）
エリンギ…2本（100g）
ほたて缶…小1缶（70g）
しょうが（薄切り）…1/2かけ

○合わせ調味料
酒…大さじ1
しょうゆ、砂糖…各小さじ1/2
塩…小さじ1/3
こしょう…少々

塩…少々

○水溶き片栗粉
片栗粉…大さじ1/2
水…大さじ1

サラダ油…大さじ1
ごま油…小さじ1

●作り方

(1) 白菜は縦半分に切り、軸はひと口大のそぎ切り、葉先は5～6cm長さに切る。エリンギは長さを半分にして縦半分に切り、さらに縦に薄く切る。合わせ調味料は混ぜ合わせる。

(2) フライパンにサラダ油を熱し、しょうがを中火で炒める。香りが出たら白菜の軸を入れて2～3分炒め、少ししんなりしたら白菜の葉先、エリンギを加えて塩をふり、さらに約1分炒める。

(3) 全体にしんなりしてきたら、水1カップとほたて缶を缶汁ごと加え、煮立ったら合わせ調味料を加える。ひと煮して水溶き片栗粉でとろみをつけ、ごま油で香りをつける。

えび玉

〝卵好きな夫のためによく作る料理。
とろ〜り卵に、えびのプリッと感が生きます〟

●材料（2人分）

むきえび
…6〜8尾（100g）
卵…3個
長ねぎ…½本
○下味
酒…小さじ1
塩…少々
片栗粉…小さじ1
酒…大さじ½
塩、こしょう…各少々
サラダ油…適量

具を炒めたら端に寄せ、あいたところに油を足して卵液を流し入れ、大きく混ぜて半熟状に火を通す。

●作り方

(1) むきえびは片栗粉少々（分量外）をふってもみ、片栗粉を洗い流して水けを拭き、下味の酒、塩をふる。長ねぎは1㎝幅の斜め切りにする。ボウルに卵を割り、塩少々（分量外）を加えて溶きほぐす。

(2) フライパンにサラダ油大さじ1を熱し、中火で長ねぎを炒める。長ねぎがしんなりしたら、えびの汁けを拭いて片栗粉をまぶして入れ、酒、塩、こしょうをふって炒める。

(3) えびの色が変わったら長ねぎと一緒に端に寄せ、強めの中火にしてサラダ油大さじ1を足し、卵液を流し入れて木べらで大きく混ぜる。半熟状になり始めたら、えびとねぎをざっと混ぜて炒め合わせる。

〝孫が来るときはえびフライ。夫婦ふたりのときはグラタンを〟

近所に住む孫たちがよく遊びに来ます。彼らが来るときによく作るのが、洋食。えびフライが大好きで、幼稚園の頃は「100本食べたい！」とよく言っていました。最近は好みの幅も広がってきたようですが、それでも1人6〜7本は食べます。いつでも作れるようにと、わが家では冷凍庫にえびを常備しているほど。グラタンも人気で、リクエストは夏にも。夫も好きなのでふたりのときもよく作ります。ドリア派の私は、ごはんにバターとパセリを混ぜてレンジ加熱し、そこにホワイトソースをかけて焼いて楽しむこともあります。

えびフライ

"せっかくならと、ポテトも揚げるのがいつしか定番に。やはり、タルタルソースは欠かせません"

●—材料（2人分）

大正えび…6本（200g）

○下味

塩、こしょう…各少々

○フライ衣

小麦粉…適量
溶き卵…1個分
パン粉…適量

○つけ合わせ

じゃがいも…1個
塩…少々

タルタルソース（47ページ）…適量
揚げ油…適量
レモンのくし形切り…2切れ

●—作り方

(1) えびは背ワタを取って尾を残して殻をむき、腹側に浅い切り込みを4～5本入れ、縮まないように伸ばしてまっすぐにし、尾の水分をしごき出す。ペーパータオルで水けを拭き、下味の塩、こしょうをふる。じゃがいもは1cm幅の拍子木切りにする。タルタルソースを作る。

(2) フライパンに揚げ油を1～2cm高さに入れ、じゃがいもを入れてから中火にかける。ときどき混ぜながら15～16分揚げ、カリッとしたら引き上げ、油をよくきって塩をふる。

(3) えびに小麦粉、溶き卵、パン粉の順に衣をつける。

(4) (2)の揚げ油を170℃に熱して(3)を入れ、最初は触らず、まわりが固まったら返しながら計3～4分揚げ、油をよくきる。

(5) 器に(4)、(2)を盛り、タルタルソースを添える。

えびとほたてのマカロニグラタン

”えびとほたてを加えた、ちょっとリッチなグラタンです。炒めた玉ねぎに粉をふる方法なら、ソース作りも簡単”

●材料（2人分）

えび…6尾（100g）
ほたて貝柱…3〜4個（100g）
マカロニ…50g
玉ねぎ…⅓個
マッシュルーム…1パック（100g）
白ワイン…大さじ1
塩、こしょう…各適量
小麦粉…大さじ3
牛乳…2カップ
パン粉、パルメザンチーズ
…各大さじ1
サラダ油…大さじ½
バター…適量

●作り方

(1) 玉ねぎは縦薄切りにし、マッシュルームは石づきを落として半分に切る。えびは背ワタを取って殻をむき、さっと洗って水けを拭いて半分に切る。ほたて貝柱は半分に切る。

(2) 鍋に5カップの熱湯を沸かして塩小さじ1（分量外）を入れ、マカロニを袋の表示より少し長めにゆでる。指で軽く曲げられるくらいになったらざるに上げ、ラップをかけて乾燥を防ぐ。

(3) フライパンにサラダ油を熱し、えび、ほたて貝柱を入れて炒め、えびの色が変わったら白ワインと、塩、こしょう各少々で調味し、取り出す。

(4) (3)のフライパンをきれいにしてバター大さじ2を溶かし、玉ねぎ、マッシュルームを入れて弱めの中火で色づかないように炒める。玉ねぎが透き通ってきたら小麦粉をふり入れ、粉っぽさがなくなるまで炒める。牛乳を一気に注ぎ、中火にして、焦げないように鍋底からよくかき混ぜながら煮立てる。木べらでスーッと線が描けるくらいまでとろみをつける。

(5) (4)に(2)、(3)の順に加えて混ぜ、塩小さじ½、こしょう少々で調味する。

(6) 耐熱皿に(5)を入れ、パン粉、パルメザンチーズをふり、バター約5gを小さく切って散らし、220℃のオーブンで約20分焼く。

玉ねぎ、マッシュルームを炒めたところに粉をふり入れて作るホワイトソースなら、失敗なし。

牛乳は一気に加える。一気に加えることで温度が下がり、徐々に粉が牛乳に溶けるのでダマになりにくい。

スーッと筋が描けるくらいまで煮て、とろみをつける。

ハヤシライス

〝材料をどんどん炒めてさっと煮るだけです。
しょうゆ、ケチャップ、バターの3つが味の決め手〟

●―材料（2人分）

温かいごはん…適量
牛こま切れ肉…200g
玉ねぎ…1個
マッシュルーム…1パック（100g）
○下味
―塩、こしょう…各少々
小麦粉…大さじ2
白ワイン、しょうゆ、
トマトケチャップ、バター
…各大さじ1
こしょう…少々
サラダ油…大さじ1

●―作り方

(1) 玉ねぎは縦2㎜厚さに切る。マッシュルームは石づきを落とし、5㎜厚さに切る。牛肉は下味の塩、こしょうをふる。

(2) フライパンにサラダ油を熱して玉ねぎを入れ、強火で6～7分炒める。色づいたら牛肉に小麦粉をまぶして加え、炒める。牛肉の色が変わったらマッシュルームを加えて中火で約1分炒め、白ワインをふり、水1½カップを加える。煮立ったら約1分煮て、しょうゆ、ケチャップ、バター、こしょうで調味する。

(3) 器にごはんを盛り、(2)をかける。

玉ねぎを焦げる直前までしっかり炒め、甘みを引き出す。

しょうゆを加えると、ごはんに合う味に。独特のうまみがプラスされ、味に深みが出る。

〃夫が好きなめん料理。ひとりごはんのときも〃

夫は無類のめん好きです。お昼ごはんやひとりの夕飯にも、よく作っているようです。そのため、めんつゆは常に2〜3回分ずつを作り、冷蔵庫にストック。孫が突然遊びに来たときにも、めんつゆさえあればすぐにごはんにしてあげられます。めんはごはんよりも調理時間がかからず、野菜が一緒に食べられるところもいいですね。パスタはふたりとも好きなので、ときどきは夕飯に作ることもあります。ここで紹介する以外にも、アラビアータや40ページのミートソース、トマトだけを半量になるまで煮詰めて作るトマトソースなど。家にある材料と相談したり、その日の気分で食べています。

卵あんかけうどん

〝冬になると頻繁に登場する、うどんレシピ。あんは冷めにくく、体を芯から温めてくれます〟

●——材料（2人分）

冷凍うどん…2玉（400g）
生しいたけ…3枚
長ねぎ…⅓本
卵…2個
自家製めんつゆ（下記）…1カップ
○水溶き片栗粉
——片栗粉…大さじ½
——水…大さじ1

●——作り方

(1) しいたけは石づきを落とし、薄切りにする。長ねぎは斜め薄切りにする。卵は割りほぐす。

(2) 鍋に熱湯を沸かし、冷凍うどんを入れ、袋の表示通りに温め、丼に入れる。

(3) 別の鍋にめんつゆ、水1カップを入れて中火で煮立て、しいたけ、長ねぎを入れる。再び煮立ったら水溶き片栗粉でとろみをつけ、卵液を回し入れ、下からゆっくりかき混ぜ、(2)に注ぐ。

めんつゆ

●——材料（2人分×2～3回分）

だし…2カップ
酒、みりん、しょうゆ
…各½カップ

●——作り方

(1) 鍋にだしを入れて中火で煮立て、酒、みりんを加える。

(2) 再び煮立ったらしょうゆを加えてひと煮し、火を止める。

日持ちの目安：保存瓶に入れ、冷蔵庫で4～5日

中華風
冷やしあえめん

"昔ふたりで食べた、
中華料理屋さんのめんをアレンジ。
生きくらげのつるりとした食感が
気に入っています"

●材料（2人分）

中華めん（生めん）
…2玉（240g）
きゅうり…½本
生きくらげ…30g
ロースハム…2枚
細ねぎ（小口切り）…少々
しょうが（みじん切り）
…½かけ

○かけつゆ

紹興酒（または酒）、水
…各大さじ2
しょうゆ…大さじ1½
オイスターソース
…大さじ½
砂糖…小さじ2
ごま油…小さじ1

酢、粉花椒…各適宜

●作り方

(1) 生きくらげはせん切りにする。鍋にたっぷりの水とともに入れて火にかけ、沸騰したらざるに上げて粗熱をとる。きゅうりは長さを半分にしてから5㎜幅の細切りにする。ハムは細切りにする。

(2) かけつゆを作る。鍋に紹興酒を入れて中火にかけ、煮立ったら火を止めて、残りのかけつゆの材料を加え、冷蔵庫で冷やす。

(3) 鍋にたっぷりの湯を沸かし、中華めんをほぐしながら入れ、袋の表示通りにゆでる。ざるに上げて流水でもみ洗いをし、水けを絞る。

(4) 器に(3)を盛って(1)をのせ、細ねぎとしょうがを散らす。(2)をかけ、好みで酢、粉花椒をかける。

モロヘイヤそうめん

〃粘りのあるもの好き、めん好き。ということで、夏はこれ。モロヘイヤの色を生かしたいので、塩ベースの味つけに〃

●――材料（2人分）

そうめん…160g
モロヘイヤ
…1袋（100g）
ちくわ…2本
トマト…½個
みょうが…2個
だし…1カップ
塩…小さじ½
しょうゆ…大さじ½
おろししょうが…適宜

●――作り方

(1) モロヘイヤは葉先を摘み、きれいに洗って水けをきる。鍋にたっぷりの湯を沸かし、モロヘイヤをゆで、ざるに上げる。粗熱がとれたら水けを絞り、細かく刻んでから包丁でたたいて粘りを出す。ボウルに入れ、だしを加えてのばし、塩、しょうゆで調味してつゆを作り、冷蔵庫で冷やす。

(2) ちくわは斜め薄切りにし、トマトは1cm角に切る。みょうがは小口切りにする。

(3) 鍋にたっぷりの湯を沸かし、そうめんを入れて袋の表示通りにゆでる。ざるに上げて流水でもみ洗いをし、水けを絞る。

(4) 器に(1)のつゆを入れ、(3)を盛り、(2)をのせ、好みでおろししょうがを添える。

えびとトマトのクリームパスタ

〝トマトソースよりもクリーミーで濃厚。プリッとしたえびの食感とよく合います〟

●——材料（2人分）

スパゲッティ…160g
えび…6尾（80g）
玉ねぎ…¼個
トマト…2個
にんにく…1かけ
生クリーム…½カップ
○下味
—塩…少々
塩、砂糖…各小さじ½
こしょう…少々
オリーブ油…大さじ1
粗びき黒こしょう…適宜

●——作り方

(1) 玉ねぎは縦薄切りにし、トマトは1cm角に切る。にんにくはたたいてつぶす。えびは背ワタを取って殻をむき、1cm幅に切って下味の塩をふる。

(2) 鍋に1.5ℓの湯を沸かして塩大さじ½（分量外）を入れ、スパゲッティを袋の表示通りにゆでる。

(3) フライパンにオリーブ油、にんにくを入れて弱火にかける。香りが出たら玉ねぎを加え、中火で炒め、しんなりしたらトマトを加える。強めの中火でトマトをつぶしながら煮て、トマトが半量になったら塩、砂糖、こしょうで調味する。えびを加え、色が変わるまで煮る。

(4) (3)に(2)の水けをきって加え、生クリームを加える。様子を見ながらゆで汁⅓カップを加え、パスタ全体にソースをからめる。好みで粗びき黒こしょうをふる。

さばみそ缶のパスタ

〝さば缶が人気と聞き、考えたレシピ。みそとチーズは発酵食同士で相性抜群。チーズはたっぷりふりふりましょう〟

●—材料（2人分）

スパゲッティ…160g
さばみそ煮缶…1缶（190g）
青じそ…10枚
赤唐辛子（種を除く）…小1本
にんにく（みじん切り）…1かけ
粗びき黒こしょう…少々
パルメザンチーズ…適量
オリーブ油…大さじ1

●—作り方

(1) 青じそは縦半分に切ってから、細切りにする。

(2) 鍋に1.5ℓの湯を沸かして塩大さじ½（分量外）を入れ、スパゲッティを袋の表示通りにゆでる。

(3) フライパンにオリーブ油、赤唐辛子、にんにくを入れて弱火で炒め、香りが出たらさばみそ煮缶を汁ごと加え、中火で炒める。

(4) (3)に(2)の水けをきって加え、様子を見ながらゆで汁大さじ2〜3を加えて炒め合わせ、粗びき黒こしょうをふって混ぜる。

(5) 器に盛り、パルメザンチーズをふり、青じそを散らす。

〝朝ごはんは毎日同じ。体にいいものをたっぷり〟

ホテルを退職してからは、朝ごはんは夫が作ってくれます。平日はほぼ毎日同じものを。発酵食品の甘酒や繊維質たっぷりのスムージーのほか、たんぱく質は手作りの鶏ハム、緑黄色野菜はブロッコリーとミニトマト、カルシウムはカフェオレなどからとれるので、とてもバランスがとれています。たっぷり食べるので14時くらいまでおなかが空かないほど。品数は多いですが、一度に多めに作り、野菜はいっぺんにゆでておくようにすれば、それほど手間はかかりません。

鶏ハム

〃余熱調理で驚くほどしっとり〃

●材料（2人分）

鶏胸肉（皮なし）…1枚（300g）

塩…小さじ⅔

砂糖…小さじ⅔

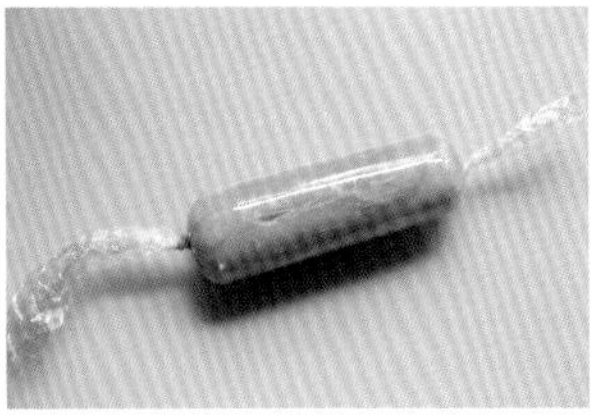

皮がついていたほうが外側になるようにラップでしっかり巻き、片端はラップを結び、もう片方は輪ゴムで縛って形を整える。

●作り方

(1) 鶏肉は切り込みを入れて厚さを均等にする。塩、砂糖を両面にもみ込み、ラップでキャンディ包みにして冷蔵庫に2〜3時間おく。冷蔵庫から出し、2〜3時間おいて室温にもどす。

(2) 厚手の鍋にたっぷりの水約5カップ（肉がかぶるくらいの量）、(1)を入れ、落とし蓋と鍋蓋をして中火にかける。煮立ったら火を止め、鍋に入れたまま冷めるまでおいて余熱で火を通す。

(3) 粗熱がとれたらラップを外し、7〜8㎜厚さに切り、保存容器に入れて、冷蔵庫へ。4〜5日くらいで食べきる。

コールスロー

〃毎日でも食べ飽きない、わが家の定番〃

●材料（2人分）

キャベツ…2枚（200g）

にんじん…⅕本（30g）

玉ねぎ…¼個

塩…小さじ½

オリーブ油…大さじ2

こしょう…少々

●作り方

(1) キャベツはせん切り、にんじんはスライサーでせん切り、玉ねぎは縦薄切りにする。

(2) ボウルに(1)を入れ、塩をふって約15分おいてしんなりさせ、軽く水けを絞る。

(3) (2)にオリーブ油を加えてあえ、食べるときにこしょうをふる。

65歳からのふたりごはんの愉しみ

2021年1月20日　第1版発行
2021年3月1日　第2版発行

石原洋子　いしはら・ひろこ

料理研究家。幼い頃から母親と共に台所に立ち、「昼食は自分たちの手で」という食教育の自由学園に学ぶ。卒業後は家庭料理、フランス料理、中国料理など、各分野の第一人者に学び、アシスタントを務めたのちに独立。明るく飾らない人柄と確かな根拠に基づく指導に定評があり、自宅で開く料理教室は40年以上になる。著書は『本当は秘密にしたい 料理教室のベストレシピ』（朝日新聞出版）、『定番⑩品からレシピが広がる おかず力』（学研プラス）、ホテルオークラ元総料理長の夫・根岸規雄氏との共著『わが家のおかずサラダ』（世界文化社）など多数。

撮影――大沼ショージ
ブックデザイン――檜垣有希
スタイリング――池水陽子
調理アシスタント――荻田尚子、清水美紀
企画・構成・文――飯村いずみ
校正――安久都淳子
DTP制作――天龍社

著者　石原洋子
発行者　関口 聡
発行所　一般社団法人 家の光協会
〒162-8448
東京都新宿区市谷船河原町11
電話　03-3266-9029（販売）
　　　03-3266-9028（編集）
振替　00150-1-4724
印刷・製本　図書印刷株式会社

ISBN978-4-259-56676-0 C0077